生長の家ヒューマン・ドキュメント選

明るい職場と人間関係

★

日本教文社編

JN280603

日本教文社

明るい職場と人間関係　目次

装幀　松下晴美

編者はしがき

この「生長の家ヒューマン・ドキュメント選」シリーズは、生長の家の信仰を持つことによって、人生を好転させた顕著な体験をした方々を紹介する小社刊行の月刊誌『光の泉』の「ヒューマン・ドキュメント」をテーマ別に精選編纂したものです。

本書は、特に職場での人間関係や仕事上の様々な悩みを抱えていた方が、生長の家の教えを知り、他人を変えるのではなく、自分自身が明るく成長することによって問題を解決していった体験を中心に紹介しています。本書中の年齢・職業・役職等は同誌に掲載された当時のもので、記事の初出年月は、それぞれの末尾に明記してあります。本書が、読者にとって生き生きとやり甲斐をもって仕事に取り組むための導きの書となることを願って止みません。

日本教文社第二編集部

頑固な親方の良い面だけを見続けて心と技を磨いた日々

怒鳴《どな》ってばかりいる親方も素直な心で接したとき、自分を磨いてくれる〝最高の師〟となった——

宮崎県　建築業　前田育男《まえだやすお》さん（46歳）

普段は寡黙《かもく》だが、口を開けば棘《とげ》のある言葉が出てきてしまう。若い頃はそれでずいぶん損をした。

二十代のとき、同じ大工をしている弟の雅春さんと一緒に仕事をしたことがある。親方のもとを離れて独り立ちするとき、前田さんのほうから声をかけたのだが、「神経質な私と、のんびり屋の弟ではね……」

前田さんは、思いどおりに仕事が進まないと気が済まない性分だった。マイペースの雅春さんにイライラが募り、日頃ぐっと堪《こら》えている分、爆発すると激しい口論になった。

「力を合わせたいんだけど、弟の悪い点ばかりが目について、うまくいかなかったんです。そのうち仕事も減ってきて……」

雅春さんとのギクシャクした関係を修復しようにも、どうしていいのか分からなかった。前田さんは、伯母が信仰していた「生長の家」に救いを求める。教化部*で紹介してもらった地元の誌友会*に参加しはじめ、『生命《せいめい》の實相《じっそう》』*を読むようになった。

「〝相手を変えるのではなく、自分を変えよ〟と教えられても、当時はまだピンと来なかったんです」

解決の糸口が見つからないまま、結局、五年ほどで兄弟コンビは解消となってしまったが、前田さんは、その後も生長の家の教えをコツコツと学び続けた。

「〝人間は神の子で、無限力がある〟と教えているところに引き付けられたんでしょうね。自分の内には、まだまだ発揮されていない能力が眠っている。それを引き出したいと思うようになりました」

転機が訪れたのは、それから十年ほど経ってからだった。ある日のこと、前田さんは日向市内で豪勢な造りの一軒屋を目にする。数寄屋《すきや》風の木造二階建て、斬新《ざんしん》で堂々とし

頑固な親方の良い面だけを見続けて心と技を磨いた日々

口数は少ないが、黙々と仕事に励む姿が前田さんの誠実な人柄を物語っている

た風格は思わず見とれるほどだった。

「自分もこういう仕事ができたらいいな、と思いました」

その家を手掛けたのは、Kさんという地元でも名の知れたベテランの大工だった。しばらくして、そのKさんが助っ人を探していることを、大工仲間が電話で知らせてきた。前田さんは、その役が自分に務まるとは、とうてい思えなかった。

「私の腕じゃ、無理ですわ」

断わろうとすると、

「やってみませんか。別に命までとられるわけじゃないんだから……」

と言われ、それもそうだと思った。

「これは、生長の家で学んだ〝神の子の無限力〟を引き出す絶好のチャンスだと思ったんです。それで、修業を一からやり直そうと、弟子入りすることにしました」

三十八歳からの再スタートだった。

裁《さば》く心がなくなった

思ったとおり、Kさんは厳しい人だった。頑固で気性が激しく、現場で、仕事の段取りをたずねようものなら、「そのくらい自分で考えろ！」と思いきり怒鳴られた。他の仕事仲間からは、「あの人は怒鳴ってばかりいる」と、ずいぶん陰口を聞かされたが、前田さんは、Kさんをそんなふうには見ていなかった。

「確かに、人と衝突することは多かったかもしれないけど、仕事に関しては抜群のセンスを持っておられました。そういう所を見ていたから、尊敬できたし、いくら怒られても、腹は立たなかった」

かつて生長の家で教えられた「相手を変えるのではなく、自分を変えよ」とは、「見方を変える」ことだと気が付いた。前田さんはKさんの美点を見続けた。

「〝素直にハイ〟を心がけていたから、結構かわいがられたんですよ」

あるとき、Kさんが自分の集めている陶器を見せてくれたことがある。

「いい大工になりたければ、仕事だけしていたってダメだぞ。たくさんの器や絵を見ることだ。そして美しいと思ったら、どうして美しいのか、よく考えてみることだ」

Kさんは、芸術を通して感覚を磨け、と教えてくれた。

「難しい仕事も、どんどん任されましてね。無理だと思っても、〝素直にハイ〟だから、やらざるをえないでしょう（笑）。とにかく背水《はいすい》の陣を布《し》いてやってみるわけです。すると、できるんですねぇ」

そうして困難な仕事を一つ片付けるたびに、前田さんは自己に宿る「無限力」を実感し、大きな喜びに包まれるのだった。

五年間の修業を終え、三年前、Ｋさんのもとを〝卒業〟した前田さんは、腕を上げただけでなく、人間的にも大きく成長したようだ。

「いまから思えば、なぜ弟とうまくいかなかったのかも、よく分かります。私は裁く心が強すぎた。だから、弟の悪い所ばかりが見えて、神の子の本来の姿が見えなかったんです」

コンビは復活していないけれど、過去のわだかまりはすっかり消えている。一昨年、雅春さんは、前田さんに勧められた生長の家の練成会*に参加し、「生長の家が、こんなにすばらしいとは思わなかった」と感想をもらしたという。

「私自身、一昨年の生長の家相愛会全国大会*で谷口純子先生*のお話を聞いて、人のお役に立つことの大切さを知りました。それ以来、お客さんに喜んでもらうことだけを考えて、仕事するようになりました」

我《が》の心を捨て、仕事に打ち込む前田さんに、人間関係のトラブルは無縁のようである。

（平成十年四月号　取材／萩原英彦　撮影／中橋博文）

＊教化部＝生長の家の地方における布教、伝道の拠点。巻末の「生長の家教化部一覧」を参照。
＊誌友会＝生長の家の聖典や月刊誌をテキストに教えを学ぶ信徒のつどい。
＊『生命の實相』＝生長の家創始者・谷口雅春先生著、全四十巻。昭和七年発刊以来、累計千九百万部を超え、無数の人々に生きる喜びと希望を与え続けている。日本教文社刊。
＊練成会＝合宿形式で生長の家の教えを学び、実践するつどい。全国各地で毎月行われている。お問い合わせ先は、巻末の「生長の家練成会案内」「生長の家教化部一覧」を参照。
＊生長の家相愛会全国大会＝生長の家の男性のための組織である生長の家相愛会の全国大会。現在は、「生長の家相愛会・栄える会合同全国大会」として、五月二日に東京・九段の日本武道館で開催されている。
＊谷口純子先生＝生長の家の女性のための組織である生長の家白鳩会の副総裁。

自分をいじめる上司は魂を磨いてくれる観世音菩薩だった

三重県　保険会社勤務　宇《う》多《た》津《つ》康彦《やすひこ》さん（59歳）

新任の支社長から、毎日きまって延々と叱《しか》られる。説教というよりも、「いじめ」だった。数ヵ月悩んだ末に、母親から伝えられた教えを思い出した。生長の家の練成会で不思議な体験をした後、出社すると、事態が好転しはじめた……。

大手保険会社の営業部にいた宇多津康彦さんが、体調を崩して赴任先の名古屋から東京の本社に戻されたのは、三十五歳のときだった。

何度も繰り返される転勤、結果を求められて休日出勤も当たり前の生活。目標達成のため必死に頑張ってきたが、接待などで煙草や酒量ばかりが増え、高血圧で頭がフラフラするようになってドクターストップがかかったのだ。

本社では、社員教育の部門に回された。幸い仕事は性に合い、生き生きと働いて十年が経過。禁煙と節酒で血圧も安定した。そして四十五歳のときに、熊本支社に営業次長として赴任した。

ところが、そこで〝困った上司〟との人間関係で悩むようになった。

「その人は、本社の部長だったんですが、テコ入れという名目で私の後に赴任して来たんです。ところが実状は左遷でした。そんなことは私は気にしませんでしたが、本人はその憤懣《ふんまん》を爆発させるんです。そのターゲットになったのが私でした」

「もう我慢できない」

支社長室には支社長であるその上司と、次長の宇多津さんだけしかいない。最初はなんでもなかったが、一週間で豹変し、密室の中で異様な光景が繰り広げられるようになった。

支社長に呼ばれ、机の前に立たされる。仕事の進め方から、態度、挨拶の仕方にまで難癖をつけられ、うっぷんを晴らすかのように怒鳴られる。部下が入室すると穏やかになるが、退室すると再び説教が始まる。これが日課になって、毎日三十分から一時間は続いた。

「態度が悪いと、怒鳴られる。でも本人は足を机の上に投げ出したままですからね。そのうち気がすんでやめるだろうと思いましたが、二ヵ月たっても変わらない。また血圧が上がってフラフラするし、朝目覚めると、支社長の顔が目に浮かんで出社するのがイヤになる。いじめで不登校になった子供と同じでした」

次長という立場上、会社ではだれにも相談できない。妻にだけは実情を話して「会社を辞めてラーメン屋をやりたい」と話した。辞表を認《したた》めて持ち歩いたが、二人の娘はまだ中学生と高校生で、脱サラなど出来るはずもなかった。

そうして三ヵ月が過ぎた頃、宇多津さんは、ようやく「生長の家」のことを思い出した。

「母が生長の家の熱心な信徒だったんです。私が物心ついた頃、戦後の混乱のさなかですが、六人兄弟だったので生活は大変でした。でも、どんな苦しいときにも家族が明るく、前向きに過ごしていました」

「これまでに出会ったすべての人に感謝できるんです」と、生長の家に再会できた喜びを語る宇多津さん

「人間は神の子」の教えに触れて育ち、大学時代には、生長の家の伝道活動に参加したこともあった。だが、都会に憧れて、東京に本社のある大手保険会社に入社してからは、仕事の忙しさに紛《まぎ》れて、生長の家のことをいつしか忘れ去ってしまっていた。

「近所にあった生長の家相愛会の誌友会を探して、参加するようになりました。聖経『甘露《かんろ》の法雨《ほうう》』*を毎日読誦《どくじゅ》しましたが、上司のイジメはひどくなる一方でした。『生命の實相』も必死で読みましたが、状況は変わらなかった。半年程で、これ以上我慢できないと思ったんです」

そこで心に浮かんだのが、土日の休みを利用して、長崎県にある生長の家総本山*の練成会に参加しようということだった。「とにかく神様に自分の悩みを投げ出してみよう」という気持ちで土曜の早朝に車で出かけ、五時間かかって総本山に着いた。

あの支社長は私の恩人

練成会はすでに始まっていて途中からの参加だった。不思議な体験をしたのは、その翌日の早朝神想観*のときのことだ。

講師の先導のままに瞑目合掌し、神様との一体感を深める祈りをしていると、後ろの方から雅楽のような美しい音色が聞こえてきた。

「現実の音ではなく、心の耳に聞こえる不思議な音でした。心地よくて神様に浄められたように思えて、ひょっとしたらよいことがあるんじゃないかと思いました」

総本山の神聖な雰囲気に感動し、問題に心が捉えられていた自分からふっと解放された気持ちになって、その日のうちに熊本に帰り、翌日から出社した。いつもの支社長の説教が始まったが、以前ほどの強いプレッシャーは感じない。少し心の余裕がもてるようになった自分があることに気がついた。そして、何とか我慢できるようになって二ヵ月後、ある部下が急に退職し、その役職を兼務することになった。

「支社長室を出ることになり、これで救われたと思いました。その後は順調そのものでした」

半年後には、熊本の倍近い規模の岡山支社に次長職のまま転勤。間もなくそこの支社長が入院し、三ヵ月ほど支社長代行を務めた。

「突然のことで不安でしたが神様が守ってくれているので必ず出来るという心境になり、

部下にも協力を求めて全力を注ぎました」

蓋《ふた》を開けてみると、この間は全国六十六支社の第一位。社長賞を受賞して名前が全社に知れ渡り、長野営業部長に栄転した。

そして昨年、自分の意向で妻の実家のある三重県の支社に転勤し、現在は後進の指導に当たっている。

「仕事を通して人間性を高めることを目指し、後輩にもその点を強調していますが、これが難しい。総本山に行ってから、私は何にでも感謝できるようになり、あの支社長にさえも感謝できるようになりました。問題をつかんで身動きがとれなくなっているときは、どうしても問題は消えない。自分の外にある問題より、内なる神様の心に波長を合わせて生活することが大切なんですね。彼はそのことを教えてくれるために現れた観世《かんぜ》音菩薩《おんぼさつ》*だったんです」

この五月に定年を迎えるが、やりたいことは山ほどある。学習塾を開いて子供の無限力を引き出す、生長の家の伝道活動に打ち込む等々。だが、業績の好調な現在の会社から定年の延長を打診された。

「迷いましたが、もう少し仕事を続けて会社に恩返しをすることにしました。この際、学習塾も生長の家の活動も同時にやってみます」

（平成十三年五月号　取材／佐柄全一　撮影／中橋博文）

＊『甘露の法雨』＝宇宙の真理が分かりやすい言葉で書かれている生長の家のお経。
＊生長の家総本山＝巻末の「生長の家練成会案内」を参照。
＊神想観＝生長の家独得の座禅的瞑想法。谷口清超著『神想観はすばらしい』、谷口雅春著『詳説　神想観』（日本教文社刊）参照。
＊観世音菩薩＝仏教では、三十三身に身を変じて衆生を済度すると言われている。たとえば私たちの周囲に色んな姿となって、私たちに何かを教えておられる、と説かれている。

本当の「ありがとう」が言えたとき、笑顔の生活が実現した

埼玉県　新井整形外科事務長　新井《あらい》光代《みつよ》さん（50歳）

冷えきった夫婦関係、陰気な病院スタッフとの仕事――新井光代さんの生活には光がなかった。しかし、生長の家講習会＊で聞いた「ありがとう」の暖かい声で魂が目覚めた。その時から、光代さんの人生は光明に包まれていった。

昭和二十三年、新井光代さんは埼玉県の庄和町に生まれた。父方の祖母も父・達也さんも熱心な生長の家の信徒だった。

光代さんは幼い頃から、父から生長の家の教えを聞いて育った。小学生の時から、毎年、夏冬などの休みに開催される青少年練成会に参加した。高校生、大学生の生長の家グループに入り、また生長の家青年会員＊として活動した。

「しかし、当時の私は、悪いことをすると自分に返ってくるから、清く正しく美しく生きることばかり考えていました。だから内心はとても辛《つら》かった……。『心の法則』*ばかりにとらわれて、愛なる神を信じていなかったんです」

そんな光代さんに、達也さんはいつも言っていた。

「女はおかめの如《ごと》くあれ、だぞ」

女性は太陽で素晴らしい、愛嬌《あいきょう》が大事だから、いつも笑顔を絶やさないようにしなさい――と言うのだ。

「それは素晴らしい教えで、大好きな言葉でした。幼い頃は、よく鏡を見て『笑う練習』をし、いつも笑顔でいたものです。しかし、結婚生活が始まってから、おかめの私はいつのまにか消えてしまったんです」

奇跡さえ起これば……

短大卒業後、光代さんは二十四歳で見合い結婚をした。相手は七歳年上の整形外科医・新井治男さん。

治男さんは海と太陽が好きな、飾らない人柄、というのが光代さんの第一印象だった。しかし、結婚生活が始まると、その印象は崩れ去ってしまったと言う。

「当時、大学病院の医局に務めていた主人は、多忙で帰宅も遅く、家庭を顧みない、という感じででした」

結婚後すぐに妊娠。つわりに苦しむ光代さんをねぎらう言葉も態度もない。やがて長男を出産したが、育児も手伝わない。子育ての相談をしても「それはお前の仕事だ、愚《ぐ》痴《ち》を言うな」と一蹴《いっしゅう》されてしまう。

都内に構えた新居マンションの八階の窓から、道行く仲睦《むつ》まじい家族を見ては、ため息ばかりつく日々。

「それまでの私は箱入り娘で、賑やかな家庭で大事に育てられてきたものですから孤独な生活、何もかも一人でやらなければならない生活に耐えられなかったのです」

光代さんのその思いは、次第に、治男さんへの憎悪をかきたてていく。

最初の頃は、「主人に感謝しなくては」と生長の家で教わったことを思い、生長の家のお経である『甘露の法雨』の写経をしたり、教えの本を読んだり、青年会に参加した

いまでは光代さん（右から２人目）と職員たちとの結束は固い。笑顔が絶えない素晴らしい職場だ

りしていた。

しかし、長男誕生の二年後に次男を出産、その一年後に三男を出産した頃には、治男さんはますます多忙になり、日曜日ですら家にいなくなってしまった。

「子供の運動会に出て」「父母参観に来て」と伝えても、「野球の試合がある」「ゴルフに行かなくてはならない」と断られてしまう。

光代さんは、いつの間にか、日記に治男さんの悪口を書くようにさえなっていた。生長の家からも足が遠のいた。青年会に行けば、「夫に感謝しましょう」と言われる。しかし光代さんにはそれができなかった。

夫婦仲は完全に冷《さ》め、会話のない家庭生活が続いていった。

「ああ、私にも、生長の家でよく聞くような奇跡的な体験が起こらないかなぁ」

その頃の光代さんは、時折そんなことを考えていた。

笑顔のない職場

夫婦の絆《きずな》が途切れたまま時は過ぎ、昭和六十二年。治男さんは地元・埼玉県羽生《はにゅう》市で整形外科医院を開業した。光代さんは薬局と賄《まかな》い担当になったこともあり、心機一転、夫とともに病院経営に乗り出した。

しかし、ここからが試練の始まりだった。

「莫大な借金を抱え、私も含めて全員が経営の素人なんです。そのせいで、みんなが常に自分の給料や運営の仕方についての不平不満ばかりを言って、職場は暗い雰囲気になってしまったんです」

看護婦や受付も「居心地が悪い」と言ってすぐに辞めてしまう。

「お宅のスタッフ、みんな目つきが怖いねえ」。出入りの業者にこんなことを言われた。雰囲気が暗い病院だから、当然患者も訪れない。思い悩む光代さんだった。

そんな状態が二年続いたある日、病院の事務長が突然辞めると言い出した。

「主人は『分かりました』とだけ言って、彼の申し出を受け入れ、後任として私を事務長にしてくれたのです。本当に驚きました」

仕事を引き継いだ光代さんは、大忙しの日々を送るようになった。新しく雇うスタッフの面接をしたり、事務や賄いをしたり……そのひとつひとつの仕事が新鮮で、最初の三ヵ月は嬉々《きき》として動き回っていた。

しかし四ヵ月目に、職員たちからまたも給料のことで抗議が出た。「こんな安い給料でやってられない。あなたは勤めたことがないから、分からないんです」と散々罵倒《さんざんばとう》された。

「その途端に、やる気がすべて失《う》せてしまいました。こんなに私が一所懸命やっているのに、何で文句ばかり言って分かってくれないのだろう、という不平不満でいっぱいになりました」

それからと言うもの、職員たちはことごとく冷たい視線を光代さんに投げつけた。

魂の底の底の神を拝む

従業員を「許せない」と思うようになってから、光代さんの体調はどんどん悪くなっていった。喘息《ぜんそく》を起こし、胃には潰瘍《かいよう》ができ、顔中に膿《うみ》が出るできものができた。朝晩には熱が出て、体中がだるくて起き上がるのがやっと、という状態にまでなってしまった。

そんな状態が五ヵ月続いた八月のある朝。光代さんはとうとう動けなくなり、医師から入院をすすめられた。が、仕事のある身、入院すらもできず、はうようにして賄いや事務をした。

「いつかは生長の家の教えに帰り、良き歳を重ねようと決めてはいたのですが、医師の言う通り、その前に体がボロボロになってしまう」

「生長の家に戻ろう！」

四十二歳の九月。だるい体をひきずるようにして、同県越谷市で開かれた生長の家講習会に参加した。

受付で、係の人に満面の笑みで、

「ありがとうございます」

と言われたとき、光代さんの心の中で何かがはじけた。

「少女の頃、合掌して『ありがとうございます』と何百回も言っていたのに、そこには心がなかった。このとき初めて『ありがとう』が心からの言葉である、と感じたんです」

講話を聞いている間も、なぜか涙が止まらなかった。そして光代さんは、生まれ変わったような清々しい気持ちで、会場を後にしたのだった。

翌日、光代さんは久しぶりに生長の家教化部へ足を運んだ。生長の家白鳩会の会員となり、聖歌隊*に名を連ね、生長の家栄える会*にも所属を決めた。同時に『甘露の法雨』の千巻読誦《どくじゅ》も始めた。

午前中は一所懸命に仕事をし、午後には生長の家の活動を行なううち、体調は徐々に元通りになっていった。

しかし、その年の暮れ、ずっと育ててきた新人看護婦が、突然辞めると言い出した。ただでさえ人手不足の中、急に辞められてはたまらない。

「最初は腹が立ちましたが、聖歌隊で歌っているうちに『縛らずに喜んで放とう』と思い直すことができたんですね」

するとどうだろう。その翌日、看護婦は「次の人が見つかるまで、夜だけでも働きます」と言ってきてくれたのだった。

この問題は解決したものの、職員たちの暗い雰囲気は相変わらず続いていた。栄える会で相談すると「気持ちがあっても、態度で示さないとね」と言われた。

なるほどと思った光代さんはアイデアを思いついた。

「給料袋に手紙を入れよう。二十三人の職員ひとりひとり、すべて違う内容で、その人の素晴らしいところをほめた手紙を書こうと思いました。書くときには、その人の顔を思い浮かべ、その人の魂の底の底にいる神様に祈り、暗い顔が笑顔に変わっていくイメージを描くのです」

病院経営は困窮を極めていたが、光代さんは給料とともにささやかな小物のプレゼントを添えることも実践した——するとどうだろう、職員たちの顔に、たちまち笑みが浮かぶようになったのだ。

ある職員は、光代さんのもとに飛んできて、「本当にありがとう！」と言ってくれたと言う。こうして、病院内には笑顔の花が咲き、患者さんの数もぐんと増えたのだった。

残るは、治男さんとの問題だ。光代さんは気になっていた新井家の永代供養*を生長の家宇治別格本山でするると同時に、肌身離さず治男さんの写真を持ち歩くようにした。

そして、会う人会う人に写真を見せ、「素晴らしい人なのよ」と言い、一人のときも写真を見つめて、「素晴らしい主人」と常に祈った。

「祈るたびに、主人はどんどんよくなっていきました。昔、私に奇跡が起これば……と思っていましたが、まさに日進月歩の奇跡という感じでした。そしてその奇跡は、心から神を信じ、祈った時に実現するということも学びました」

一昨年三月。新井整形外科は無事に十周年を迎えることができ、職員一同でサイパン旅行に出かけた。その帰りのバスの中で、治男さんが一人ひとりの名前をあげて、感謝の言葉を述べた。そして光代さんのことも、「事務長は本当によくやってくれている」とほめてくれたのだった。

「あの言葉、本当にうれしかったですね。夫はちゃんと見てくれているんだと。いまはとても仲のよい夫婦になりました。そして私の顔にも、父が好きだったおかめのような笑顔が、毎日輝いています」


（平成十一年二月号　取材／和場まさみ　撮影／太田勝久）

＊講習会＝生長の家総裁、副総裁が直接指導する生長の家講習会。現在は谷口雅宣副総裁が直接指導に当たっている。
＊生長の家青年会＝生長の家の青年男女を対象とし、生長の家の真理を学び実践する会。
＊心の法則＝心に強く想い続けることは、善いことでも悪いことでも現れてくるという法則。

＊聖歌隊＝生長の家の聖歌を中心に歌う合唱隊。
＊生長の家栄える会＝生長の家の経済人の集まり。お問い合わせは「生長の家栄える会中央部」へ。（〒一五〇―八六七二　東京都渋谷区神宮前一―二三―三〇　電話〇三―五四七四―六〇九〇　ＦＡＸ〇三―五四七四―六〇三九）
＊永代供養＝亡くなった御霊に対して、永く真理の言葉を誦し続け、その魂が解脱、向上することを祈願する供養。生長の家宇治別格本山で実施している。お問い合わせは、最寄りの生長の家教化部、または、生長の家宇治別格本山まで。巻末の「生長の家教化部一覧」「生長の家練成会案内」を参照。

継母に感謝して生まれ変わる

神奈川県　海上自衛官　工藤愼悟《くどうしんご》さん（49歳）

職場の人間関係に悩み、家に帰れば、妻に八つ当り。目の前の現実に振り回され、問題の元凶《げんきょう》が、心の内に潜む〝過去の思い〟にあるとは思いもしなかった——

頼もしい部下が入ってきた、と最初は喜んだ。事務畑一筋というベテランの女性で仕事が早い。それに比べて、自分は初心者も同然。平成九年八月に青森県の海上自衛隊・大湊《おおみなと》基地から横須賀に転任してきて九ヵ月。いまだ慣れない総務の仕事に右往左往し、机の上に溜っていく書類と日々格闘している有様だった。

物怖《ものお》じせず、思ったことを堂々と口にするその部下を、「味方なら心強いが、敵に回せば、手こずらされるだろう」と、内心冗談で思ったりしたが、半年も経たないうちに、それが冗談でなくなった。

まず口をきかなくなった。他の人に明るく笑いかけても、自分が話しかけると露骨《ろこつ》に嫌な顔をする。上司の承諾を得ずに、マイペースで仕事を進めるようになり、そのことを注意すると、自分の能力不足を指摘され、何も言い返せなくなる。

（これではどちらが上司だか……）

有能すぎて太刀打《たちう》ちできず、それが負目《おいめ》となって叱れない自分が不甲斐《ふがい》なかった。頼りない上司に腹を立てている彼女の気持ちが理解できず、一方的に彼女を責め、次第に恨むようになった。

信じられない発言

疲れ切って帰宅し、ため息ばかりつく夫を見て、妻の隆美《たかみ》さんは心配になった。もともと感情を表に出さない人で、声を荒らげたりしたことがない。つねに冷静沈着。それを包容力や芯《しん》の強さだと思っていた。

ところが、あるとき雨戸をバタンと開けた夫に、「もう少し静かに」と注意したところ、いきなり怒鳴られた。

「そういう口のきき方をするな、それでは部下と同じだ！」

謝《あやま》ろうにも、ショックで言葉が出なかった。

結婚して十年、夫婦生活は円満で、悩みらしい悩みもなくここまで来たが、もし問題が起きたときは頼ろうと、秘《ひそ》かに思っていたものがある。尊敬する叔母が信仰していた「生長の家」だった。結婚前に、叔母と一緒に富士河口湖練成道場*の練成会を受けたことがあり、そこに夫を連れて行こうと思った。

宗教に関心のなかった夫がすんなり同意し、夫婦で三泊四日の短期練成会に参加したのが、平成十年の十一月。夫は進んで参加者の輪に加わり、熱心に行事に励んだ。

その後も、練成会で習った神想観を毎朝行うようになり、夫の意欲に脱帽する一方で、職場の悩みが相当深刻であることを改めて感じた。

地元の組織に入り、翌年の三月、神奈川県教化部で開かれている「菩薩《ぼさつ》練成会」に夫婦で参加した。ほぼ毎月開かれているこの練成会に、二人で通いはじめてまもなく、座談会で夫が信じられない発言をした。

「妻は、私に素直にハイと言わない」

「大いに張り切っています」という工藤さん。家庭の喜びは仕事にも生きている

いきなり何を言い出すのか、と耳を疑った。

（どうして？　私たち、こんなに仲がいいのに！）

触れたくない過去

慎悟さんは、妻を思いやる気持ちを失っていた。家に帰っても、部下のことが頭から離れず、終始イライラ。妻のなにげない言葉も気に障《さわ》った。会話は滞《とどこお》り、食事も進まない。そのイライラを無理に抑え込み、心にため込んでしまうため、ますます苦しくなる。

一年間通うと決めた菩薩練成会では、繰り返し「環境は心の影」「外界は心を映す鏡」と教えられた。それでも、「いや、自分は全然悪くない、悪いのは部下だ」と頑《かたく》なに思っていた。教化部長*に相談すると、「話し合いもできないほど憎しみを募《つの》らせている」と言われた。示された解決の道は「祈り」だった。

「祈りの中で懺悔《ざんげ》し、相手を赦《ゆる》し、そして感謝すること。心が変われば、世界が変わる……」

毎日祈り、静かに自分の心の内を見つめるようになり、やがて浮かび上がってきたのが、触れたくない過去の記憶だった。

青森県・下北《しもきた》半島の港町で生まれ、十八歳で自衛隊に入隊するまで、ここで育った。四つずつ年の離れた三人兄弟の次男。父親は営林署に勤めていた。小学四年生のとき、母親が腎臓の病気で亡くなり、ほどなくして「新しいお母さん」が来た。

幼かった弟は、継母にすぐに懐《なつ》き、中学生の兄は初めから母と認めず他人行儀、自分はその狭間《はざま》で揺れていた。甘えたいのに甘えられない。母親の愛情は弟にばかり向けられ、父親は仕事で何日も家を留守にした。その寂しさは反抗的な態度となって現われ、継母には叱られてばかりいた。

孤独に苛《さいな》まれた少年時代、あの頃、何より欲しかったのは、一家団欒《だんらん》のある温かい家庭だった。

憎しみが消える

妻といい、部下といい、女性が感情をぶつけてくると、継母との諍《いさか》いがよみがえり、無意識のうちに心が萎縮《いしゅく》する……。自分を苦しめていたのは、部下の言動ではなく、心の内に潜む〝継母への憎しみ〟だと気付いた。

〈神に感謝しても父母《ちちはは》に感謝し得ない者は神の心にかなわぬ〉

練成会で「両親への感謝」を学び、「お父さん、お母さん、ありがとうございます」と唱和するときの、その「お母さん」は、あくまで亡くなった実母であり、いまも青森に一人で暮らす継母ではなかった。だが、赦し、感謝すべきは、真っ先に継母だったのだ。

平成六年に父親が亡くなったとき、これで親と呼べる人間がいなくなった、と自衛官の幹部という体面も忘れ、幼子のように泣いた。一人になった継母のところへ、青森の基地にいた頃は顔を出していたが、それほど親身になっていたわけではなかった。

(育ち盛りの三人の男の子を抱え、そのうち一人は反発ばかり。辛《つら》かったのは母も同じだったはず。それでも育ててくれた。その恩に報《むく》いるどころか、自分は……)

一年間の練成会通いが後半にさしかかった頃、ようやく継母に心から詫《わ》び、感謝することができた。と同時に、部下に対する恨みつらみも、雲を払うように消え去った。

〝心を変えよ、憎しみを捨てよ〟

部下の反抗的な態度には、そんなメッセージが込められていたのだと思った。そもそも部下との葛藤《かっとう》がなければ、これほど真剣に祈ることもなかったのだ。そう思うと、彼女への感謝の念は一層深まった。

都内に転勤となったのは、それからまもなく、昨年夏のことである。当初、この異動に納得できず、上司に再考を求めたが、

「ここはひとつ神様に任せて、がんばってみないか」

そう言われて引き下がった。上司の言葉が、神からの啓示のように思えたのだ。問題の根が憎しみにあると教えてくれた部下は、こうして、まるで役目を終えたかのように、配下から離れたのだった。

新たな勤務先は電車を乗り継いで片道一時間四十分。その通勤時間を利用して『生命の實相』を読み始めた。毎日心に響く言葉にぶつかり、その感動を家に帰って妻に報告することが、当り前のようになった。夫婦の会話は、自《おの》ずと明るくなり、お互い笑顔でいることが多くなった。

妻の導き

夫妻の自宅は、逗子《ずし》海岸のすぐ近く、波の音と潮の香りがする閑静《かんせい》な場所にある。もっとも、夏が来れば、行楽客が大勢押し寄せてくるだろうが……。すでに夏を待ちきれないサーファーたちの姿も、ちらほら。

建てて二年と経っていないマイホームは、煉瓦《れんが》造りの瀟洒《しょうしゃ》な二階建て。二人で意見を出し合い、外観は洋館風に。二階は吹抜けで、六畳ほどのロフトがある。暖炉を付けたのは、愼悟さんのたっての希望だったとか。

現在も夫婦で菩薩練成会に参加し続けている。感激して帰ってきて、お互い学んだ事を語り合い、時間が経つのを忘れてしまうことも度々。地元で毎月開かれている誌友会に、二人で参加するのも、楽しみ。

「真理の話が何の抵抗もなく日常の話題になって、夫婦で磨き合えるのが嬉《うれ》しいですね。といっても、主人に比べれば、私はまだまだですが…」

「そんなことないよ」と、愼悟さん。

「迷子になっている私に、時々鋭いことを言って、道はこっちだよ、と示してくれるんです。まるで闇に浮かぶ灯台のようにね。生長の家に導いてくれたのも、妻ですから」

毎朝、玄関で握手をして、「すばらしいご主人さま、いってらっしゃい」と送り出す隆美さん。家でふんぞりかえっているのではなく、「暗いと不平を言うより、進んで明りをつけよう」と、腰の軽い愼悟さん。

家庭には喜びが増すばかりである。

本当の親子

昨年の十二月、それまで祈り続けてきた思いを手紙にして、継母へ送った。

「育ててくれて、本当にありがとう」

ありったけの感謝を込めた。

義務感からでなく、亡くなった両親の分まで親孝行していきたいと、いまは素直に思っている。

「血がつながっていなくても、やっぱり私たちは親子、魂がつながっている〝本当の親子〟です。いつまでも元気で長生きしてほしい」

今年で七十二歳になる母には、声の便りを欠かさない。膝が痛むとこぼしていたので、毎日快癒《かいゆ》を祈っていたが、最近はだいぶ具合がいいらしい。

別に用事はなくても、ふと声が聞きたくなり、電話に手が伸びてしまう……

「おかあさん、どうしてる？」

「元気にしているよ、ありがとう」

電話の向こうで、母はいつも微笑《ほほえ》んでいる。


（平成十二年六月号　取材／萩原英彦　撮影／遠藤昭彦）

＊富士河口湖練成道場＝巻末の「生長の家練成会案内」を参照。
＊教化部長＝生長の家の各教区の責任者。

「弱い自分」を打ち砕く力はすでに与えられていた

茨城県　電機メーカー勤務　仲田尚文《なかたなおふみ》さん（46歳）

悲観的な性格ゆえに、ぶつかった壁。持って生まれた性格は一生背負っていく宿命のようなものだと思っていた。だが、それはニセモノの自分だと気付いたとき、壁を乗り越える力が湧《わ》いてきた。

大手電機メーカーのエレベーター設計部に勤めている仲田さんは、二年前の夏、新製品開発のプロジェクトの責任者に選ばれた。本社からも応援が来て、総勢五、六十名のスタッフが関《かか》わる大がかりなプロジェクトだった。

「なぜこんな大役が回ってきたのか、私に務まるだろうか、そんなことばかり考えて不安になり、闘志は湧かなかったんです」

問題が起きると、否定的な材料ばかりが頭に浮かび、前向きになれなくなる。傍目《はため》には真面目に取り組んでいるように見えても、実は心配ばかりしている。それが性格上の欠点だと分かっていた。案《あん》の定《じょう》、九月に本格的にプロジェクトが始動すると、リーダーとしての力不足を痛感するようになる。

「〝こんな製品にしよう〟というビジョンが自分にはなかったので、周りからアイデアを出されても、それをまとめていくことができなかったんです」

仕事のことが気になり、次第に夜もぐっすり眠れなくなった。胃が痛み出し、胃薬を常用するようになった。職場では、無意識に鉛筆でカタカタと机を叩《たた》いている自分に気付いて、信頼していた元上司に悩みを打ち明けた。

「カウンセリングを受けるように勧められまして、十一月の初めに、紹介していただいたクリニックを訪ねたんです。そしたら、待合室で思いもかけないものを目にしましてね。『光の泉』*が置いてあったんです」

プロジェクトを任される少し前のこと。休日にサイクリングをしているとき、たまたま生長の家茨城県教化部の前を通りかかり、入口横の棚に置いてあった無代進呈用の『白鳩』*と『光の泉』を持ち帰ったことがあった。読むと、「人間は神の子で、無限の力

「明るく感謝の気持ちで、今を全力で生きる」が仲田さんの信条

がある」と書かれてあり、元気が出た。以来、教化部の行事に参加したり、『生命の實相』を読んだりして、「人間・神の子」の教えを学ぶようになった。何より驚いたのは、「運命は変えられる」ということだった。しかし、プロジェクトを任され、現実に困難を目の前にすると、自分の力を信頼できず、後込《しりご》みしてしまっていた。

「医師から、しばらく仕事を休みなさいと言われて、二週間の休暇を申請しました。仕事は別の人に引き継いで、生長の家富士河口湖練成道場の練成会に参加したんです」

〝ハイ、喜んで〟

すべての行事が「ありがとうございます」という言葉で始まる練成会に、仲田さんは新鮮な感動を覚えた。日程の中ほどで鹿沼景揚講師による集団個人指導があった。忍耐力に欠けること、物事を悪い方向に考える癖があることなど、問題点を紙に書き連ねて提出すると、鹿沼講師からこんな言葉が返ってきた。

「あなたは、なかなか分析力に優れていますね。でも、それが分かって良くなりたいと思うのは、あなたの内に、本来すばらしい神の子の生命が宿っているからです。それを出してくればいいんです」

なんだ、そんな簡単なことか、と仲田さんは思った。困難から逃げようとする弱い自分はニセモノだと思うと、気持ちが楽になり、心が晴れやかになった。「幸せは、与えられるものではなく、自ら見つけ出すもの」という言葉も強く心に残った。

練成会から帰ったあとは、早朝に起きて、神想観や聖経*読誦をするようになった。それまで毎朝不機嫌な顔をして寝床から起き出していただけに、家族は驚いた。練成会で感じた喜びを家庭の中にも持ち込みたいと思ったのだ。子供たちは「ありがとうございます」を連発する父親に、首を傾《かし》げたりもしたが、感謝の心で周囲を見回すと、妻や子供たちに囲まれているという当り前のことが、幸せだと感じられるようになった。

休暇が終わると、仲田さんは笑顔で職場に復帰した。「神の子の無限力」が宿っていると思うと、何でもできそうな気がした。仕事を頼まれると、「ハイ、喜んで」と快《こころよ》く引き受けた。取り越し苦労がなくなった分、集中でき、能率も上がった。仲田さんの働きぶりに、上司は、「俺も生長の家を勉強しようかな」ともらした。胃痛や頭痛も消えた。その後も、毎月のように生長の家の練成会に参加した仲田さんは、ますます笑顔が増えていった。

「形状記憶合金のように、顔が笑顔になってしまいました（笑）」

かつては信じられなかった「運命は変えられる」ということも、いまは素直に受け入れられる。

「今までは心配ばかりしていたから、心配したとおりの結果が現われていたんですね。心配してもいいことは何もない。何事も自分を磨いてくれるチャンスだから、〝ハイ、喜んで〟と有難く引き受ければいいんです。その覚悟ができてから、人生が円滑に回りだしたような気がします。心が変われば、世界が変わるんですね」

（平成九年十月号　取材／萩原英彦　撮影／遠藤昭彦）

＊『光の泉』誌＝生長の家の男性向けの月刊誌。
＊『白鳩』誌＝生長の家の女性向けの月刊誌。
＊聖経＝『甘露の法雨』を始めとする生長の家のお経の総称。他に『天使の言葉』『続々甘露の法雨』『聖使命菩薩讃偈』などがある。（日本教文社刊）

副業の植木業が本業に…。「人に頼らず、自分を頼れ」の精神で開いた第二の人生

東京都　植木業　佐藤武行《さとうたけゆき》さん（59歳）

会社での人間関係に悩んで参加した生長の家の練成会で佐藤さんはすべてを人のせいにしていた自分の生き方を反省した……。その後、副業として植木の技術を身につけ、固定客を広げ、定年を前に退社。いま、植木職として〝第二の人生〟を歩んでいる。

「仕事の前には合掌して、お客様のご先祖様と、お客様に、心から感謝の祈りを捧げて、お客様の求めているものが自分を通して成就《じょうじゅ》できますようにと祈ります。そして、手入れをするために木を見上げれば、大空にも、私達を生かし続けて下さる大いなる宇宙の大生命に対して、感謝を捧げます。祈らずにいられない気持ちと言いましょうかね。有

り難いなぁ、幸せだなぁと心から思います。本当に植木職は、私にとって天職だと思うんですね」

心の思いを噛《か》み締めるかのように佐藤さんはゆっくりと語る。

一昨年十二月、三十二年間のサラリーマン生活にピリオドを打ち、植木職として再出発した。現在、七十軒ほどの固定客を持ち、三人の仲間とともに働いている。

「ここまで来るのに、私は時間が掛かった方だと思います。でもこれまでの体験は、成功も失敗も全部、今に生きていて、無駄ではなかったんだなぁと本当にそう思いますね……」

夫の悩みと妻の悩み

中堅の広告代理店に勤めて十一年が過ぎようとしていた昭和四十九年、佐藤さんは、社内の人間関係がうまく行かず悩んでいた。

当時、総務部に勤務していた佐藤さんは、ある時、同じ部のキャリアのある女性社員を業務上の規則のことで注意した。「ちょうど昼休みで、何人かの男性社員がすぐ隣の

「植木職は私の天職。『人間・神の子、無限力』の教えに導かれたことは、本当に有難いことです」と語る佐藤さん

部屋で囲碁をやっていたんです。私は思わず彼女に対して怒鳴ってしまい、それが周りに聞こえて、結果的に彼女に恥をかかせてしまいました」

それが原因で上司とも衝突、社内の空気はより一層、佐藤さんにとって冷たいものになった。

佐藤さんは仕事そのものに対する不満もあった。入社以来、営業など四つの部署を短い期間で転々とさせられたが、なぜ自分の評価が低いのか、その原因が分からなかった。

「言われたことは真面目にやっているんだと思っていました。自分は正しいんだと。いま振り返れば、仕事や人間関係がうまくいかないのは人が悪いんだと、みんな人のせいにしていたんです」

悩む夫に、妻の里美さんは、東京都調布市の生長の家本部練成道場*で行われる三日間の短期練成会への参加を勧めた。昭和五十年一月のことである。

「その一月前、家内が十日間の一般練成会に参加したのですが、とても明るくなって帰宅した姿を見ていましたから、私もすぐ同意して参加したんです」

里美さんが練成会に参加したのは、医者から難病のベーチェット病だと宣告されたのがきっかけだった。

佐藤さん夫妻は、二人がまだ早稲田大学と東京女子大学の学生だった頃、時々同じバスに乗り合わせたのが縁で結ばれた。昭和十二年に東京で生まれた佐藤さんは、二歳のとき、軍人だった父親を支那事変で亡くして、兄と二人、教師をしていた母親に新潟で育てられた。毎月、母親からの仕送りを受けながら家庭教師のアルバイトをしていた頃、里美さんと出会ったのだが、結婚に至るまでの二人を見守り、応援してくれたのが、里美さんの母親の稲宮茂子さんだった。

茂子さんは、結婚前の佐藤さんに、生長の家の青年向けの月刊誌である『理想世界』を手渡し、下宿に『青年の書』*を送って、読むことを勧めた。佐藤さんは本を通して生長の家の教えに触れたが、昭和三十八年に結婚してからは、いつしか教えから遠ざかっていた。

「母は、私がベーチェット病だと言われた時、すぐに鞄《かばん》に荷物を詰めて、練成道場まで連れて行ってくれ、私が帰宅するまで、真冬なのに毎日、自宅で水を被《かぶ》って祈っていてくれました」

三年ほど前から下半身に大きな霜焼けのような斑点がいくつもでき、舌が痛くてピリピリと染み、朝起きると踵《かかと》が痛くて歩けないときもあったが、里美さんは、疲れがたまったのだろうと余り気にしていなかった。

「医者から病名を告げられ、さすがに家内はショックだったようですね。今でも覚えていますが、練成会に行く朝、家内はポロポロと涙を流していました。でも、その原因は夫である私にあったんです」

と、佐藤さんは振り返る。

「会社での鬱々《うつうつ》とした気持ちを、私はいつも酒で紛《まぎら》わしていたんです。会社の帰りに同僚と飲んだり、一人で深酒をしたり。時には酔った勢いで見知らぬ人と喧嘩をしたり、トラになって警察の厄介になったことすらあるんです。それから、三人の子供がまだ小さいと言うのに、私は趣味で青梅マラソンに三回も出たり、会社の仲間と茶道を習ったりと、家を顧《かえり》みることもなく、家内は辛《つら》かったと思います。ごく希《まれ》に私に不満をもらしましたが、その当時の私は家内の悩みを理解する事が出来ませんでした。それほど自己中心的な人間だったんですね」

自己限定を破る

三日間の練成会では、「人間は神の子で、無限力がある」という教えに深く感動した。とくに小学生の時に花火の爆発事故に遭《あ》い、両手の手首から先を失い、片目の視力も失った岡田淳講師が、不自由な手にも拘《かかわ》らず黒板にスラスラと字を書きながら、「人間は肉体ではない、円満完全な神の子である」という生長の家の教えに救われた体験を語るのを、佐藤さんは、涙を流して聴き入った。

佐藤さんは、それまで自分に対して自己限定の気持ちがあった。「自分には出来ない」という漠然とした思いがあり、それが仕事に対しても積極性を失わせる因《もと》になっていたことに気づいた。それに何よりも自分が人に対する思いやりに欠け、独《ひと》り善《よ》がりであったことに、今さらながら気づいたのだった。それこそが人間関係がうまく行かなかった最大の理由であり、妻に対しても愛が足りなかったと佐藤さんは心から懺悔《ざんげ》した。

練成会から帰ると、夫婦で聖使命会の什一《じゅういち》会員*となった。妻の里美さんは、早朝神想観や輪読会《りんどくかい》、誌友会に参加するようになり、気がつくと病いは癒《いや》されていた。

「家内は結婚後も長い間、家庭教師などのアルバイトをして家計を補ってくれていましたので、私も何とか足りない生計費を埋めようと、練成会に行った翌年の春から二年半ほど、朝刊の新聞配達を始めたんです。その傍《かたわ》ら、鉢物を育てて売りに行ったり、自分なりに植木の勉強をしながら自宅の庭の手入れをしたり、色々と努力していましたが、どれもまだ収入には結び付きませんでした」

そんな五十三年のある日、里美さんの父親が事業に失敗し、大きな家を壊して、アパートを建てることになり、結婚以来、里美さんの両親と同居して来た佐藤さん夫妻も、敷地内に家を新築する事になった。

「練成会に行く前は、家を構えるなんて力は自分にないと思っていましたが、『人間・神の子、無限力』だと、根底から考えが変わりました」

佐藤さんは新築した家で定期的に誌友会を開いた。

その年の大晦日のこと、朝刊を配達していると、忙しく仕事をしている植木屋さんに出会った。佐藤さんは、その植木屋さんにアルバイトとして使ってもらおうと、自分の住所を書いたメモを手渡して深々と頭を下げて別れたが、その後、何の返事もなかった。

「がっかりしましたが、そのときに、いまでも覚えていますけど、『人に頼るのはもうやめよう。自分でやるぞ！』と、体の底から大きな迫力あるすごい声が、湧いてきたんです。いままで、うまくいかなかったのは、自分以外のところに原因を求めていた。みんな人に頼っていたから、人間関係だってうまくいかなかったんだと。まず自分から与えることが大切なんだと」

そう決心すると行動も早かった。一軒一軒、飛び込みで家庭訪問をして、コツコツと得意先を開拓していった。そうするうちに、会社勤めの傍ら、土日は植木の仕事をする生活がはじまった。いつしか口コミで固定のお客も増え、着実に業績を伸ばし、収入も増えて行った。

身に染みた会社の有り難さ

平成四年十月、佐藤さんの会社は業績の伸びない会社を合併吸収した事もあって、リストラが厳しくなっていた。五十五歳だった佐藤さんは、いつか自分もその対象者になるのではないかという不安はあったが、ある日、上司と二人で飲んだ後、「申し訳ないが、引いてほしい」と告げられた。

その頃、佐藤家は、長女の結婚を一ヵ月後にひかえ、子供達の学資や家のローンも残っており、一番大変な時であった。長年、給与が低いことに不満を持っていたが、会社があればこそ一家五人が生活することが出来たという事実に、会社の有り難さを身に染みて感じた。

「植木職だけの収入で生活出来るだろうかと思うと、やはり不安があって、もうこれはダメだと、みんなで天井を仰《あお》ぎました」

ところがそれから三日ほど経った時、上司から「この間の話はなかった事にしてくれ」と告げられた。聞けば思いがけない人が三人も辞めたのだという。「この時ほど神様の深い愛を感じたことはありませんでした。勝手な解釈かもしれないけれども、仕事の大切さや有難さを徹底的に考えさせられたわけですからね」と佐藤さんは言う。

植木の仕事は、その後も順調に伸びて、三人の仲間が加わっていた。みんなサラリーマン生活の経験者だが、植木の知識も豊富で、人柄も申し分なかった。

「みんなで和気《わき》藹々《あいあい》と仕事をしています。求めずして一番必要な方が来て下さった。これも神様やご先祖様、皆さんのお蔭だと、心から感謝しています」

佐藤さんは平成七年十二月、会社に退職願いを出し、八年の三月に円満退職した。家のローンも終り、長男は慶応大学を卒業後、伊藤忠商事に勤務し、二人の娘さんも美術系の大学を出て結婚した。

「姑は平成四年に亡くなったんですが、よく『甘露の法雨』を誦《あ》げて私のことを祈っていてくれたそうです。不思議ですけれども、私が高い木の上で仕事をしていると、薫風《くんぷう》と言いますか、お線香の香りがしてきたことがありました。民家から上がってくるなんて考えられない。守られているんだなと実感しましたね」

会社を辞めた後、佐藤さんは半年間、都立立川高等職業技術専門校の園芸科でさらに植木の勉強をした。

「七倍の競争率で中高年の人がたくさん受験しました。私は父親がいつも守ってくれている気がするんです。父の法名に輝くという字が入っているので、『輝き庭園』という名前を付けようかと思っているんです」

現在の佐藤さんの夢は、リストラにあって苦しんでいる中高年の人の力になりたいということである。

「繁栄する！　と本当に決心したら、必ず繁栄出来るんです。決して諦《あきら》めないで、頑張ってほしいと、私は呼び掛けたいんです。そして私を今まで母親のような愛で見守ってくれた家内に対して、これからは私が報いて行きたいと思っています」

傍《かたわ》らで聞いていた里美さんがはにかんで俯《うつむ》いた。優しい笑顔だった。

（平成九年七月号　取材／小林陽子　撮影／堀隆弘）

＊生長の家本部練成道場＝巻末の「生長の家練成会案内」を参照。

＊『青年の書』＝谷口雅春著。青年向けに書かれた成功のための人生指針の書。日本教文社刊。

＊聖使命会の什一会員＝生長の家の運動に賛同して、月々一定額の献資をする「生長の家聖使命会」の会員のうち、月額一口千円以上を納入する人。

転身人生を支えた赦しの祈り

熊本県　会社社長　村中和善《むらなかかずよし》さん（63歳）

〝人生わずか二十年〟美しく散ることを志した若者は目標を失い、戦後の風潮に流された。が、ある出会いから人生の目的に目ざめ、ひた走りに走った。以来四十年、困難と辛苦《しんく》を乗り越えてきた。その陰には深い祈りがあった。

「これがブルドーザー。そっちがバックブル、油圧掘削機《くっさくき》ですたい」

屋外の敷地に陣取った大型の建設機械を、村中和善さんは頼もしげに見上げた。日灼《ひや》けした顔が午後の陽を浴びて、いっそうてかてかと光る。一メートル六〇センチそこそこと小柄だが、腕首や肩のあたりが骨太《ほねぶと》な体躯《たいく》を感じさせる。訪ねた折りは六月半ば。ジリジリと照りつける太陽に、つい記者の指はネクタイの結び目に伸びかけるが、村中さんはそんな気振《けぶ》りもみせない。

工場では油光りした作業着の社員たちが、黙々と修理に取り組んでいた。「こんにちは」と声をかけると、軽く会釈を返しただけで、また巨大な機械に張りついた。

「無愛想《ぶあいそう》のごつ見えるかもしれませんが、作業中はあげんでなかと危なかとですよ」

隣接する社屋へ歩きながら、村中さんは言った。

村中さんが建設機械の修理販売会社「新栄重機（株）」を創立したのは、昭和四十八年六月のことである。それまでの村中さんは製紙会社に三十年ちかく勤務し、会社創立前の六年間は東京の工場勤めであった。熊本県八代市出身の村中さんにとって、独立はUターン転身でもあった。

「一時は製紙会社の系列会社にと考えもしたとですが、親孝行せんといかん思うて、熊本に帰って来たとです」

Uターン転身の裡《うら》には、親孝行のほかに、実はもう一つ大きな目的もあった。

好転

熊本に帰った村中さんは妻子を八代に残し、人吉市上林町で創業した。資本金三百万

常に相手の幸福を祈り、感謝の気持ちで経営に携わってきた

円は退職金を注ぎ込んだ。プレハブの社屋に従業員一人からの出発だった。紙から建設重機への転身。しかも、独立してのことである。ずいぶん思い切りましたね、と言うと、

「すべて神様まかせ。男一匹、何とかなると思って始めたとですが、最初は塗炭《とたん》の苦しみいうやつでしたなあ」

語尾を長く曳《ひ》いて、村中さんは言った。

創業当初は修理専門であったが、新参者に対する先行同業者の風当りは強かった。修理に至急必要な部品を地元の販売代理店に注文すると、「今はなか」という返事。修理の納期をたがえるのは信用問題である。新規参入の村中さんには致命傷《ちめいしょう》にもなりかねない。

村中さんは深夜二時に起き出すと、なけなしの金を懐《ふところ》に、七時間がかりで福岡の販売代理店に車を駆った。何とか手に入れて戻り、組み立てにかかると、地元の代理店から「部品が入った」と連絡が入る。経費が倍かかるわけだ。そうするうち福岡の代理店でも入手できなくなった。

鹿児島、宮崎にも足を伸ばして活路を求めたが、どこでも途中で販売を打ち切られた。同業者の差し金であることは明らかであった。陰湿《いんしつ》ともいえる妨害だったが、企業の競争原理からすれば、常套手段《じょうとうとう》でもあった。が、新参の悲哀と辛さを舐《な》めつつ仕事をしているうち、部品を売ってくれる味方も出てきた。

「本当に嬉しかったなあ。あん嬉しさは忘れられんですよ」

その味方はやがて重機部門から撤退するが、こんどは時の利が村中さんに加勢する。村中さんの耳にはしだいに関西、関東方面の情報も届き、安価な部品が入手できるようになった。そうなると販売を渋っていた代理店も、競争の原理から売らざるを得ない。好転の歯車がジワッと回り始めたのである。

村中さんはブルドーザーの修理から、扱う機械をパワーショベルなどへと拡げていった。そして、五十年頃からは大手重機メーカーS社との取引関係を深め、指定サービス工場・販売代理店として系列に入っていく。

〝節操《せっそう》を大切に〟とのモットーからだった。こうして村中さんは業界で地歩《ちほ》を築いていく。

「息の根をとめられるような仕打ちをされても、『ありがとうございます』と言えるかどうかですよ。私、こんこつを生長の家で教えてもろたとですよ。ここまでやってこれたのは生長の家の教えがあったればこそだし、神様と先祖の加護以外なか、と思いますなあ」

と、村中さんは振り返る。

村中さんがUターン転身を決意したのも、親孝行をしたいのと、

「生長の家の教えを広める人類光明化運動を思う存分するには、熊本で社長になるほかなか」

と考えたからだった。

生長の家の教えが村中さんの胸に点《とも》ったのは、今から四十年前のことであった。

宣言

村中さんは昭和二年二月、熊本県八代郡坂本村の生まれ。十九年、旧制八代中学卒業後、学徒出陣。〝人生二十年〟を覚悟しての特攻隊志願だった。が、静岡県浜松で航空

通信兵をしていて終戦を迎え、二十年九月復員した。空腹をかかえ、二日がかりで汽車を乗り継いでの帰郷だった。

「戦争に敗けたのが恥ずかしかもんだから、暗くなってから実家に帰ったですもんね」

帰郷後は父親の勤める製紙会社に日雇いの職を求めた。仕事は折りからの食料不足を反映したサツマイモ栽培、社員宅の風呂を沸《わ》かす薪《まき》運びなどの雑役《ざつえき》だった。畑仕事では肥え桶を担ぎ、山の畑まで撒きに行ったという。三ヵ月後に社員に昇格し、ボイラーマンとなった。当時は手焚《だ》きの火夫《かふ》である。

戦後の世相は激しく動いていた。GHQ（総司令部）指導による企業における労働組合結成も、その一つだった。変化の波は地方都市にも押し寄せてきた。二十一年四月、村中さんも組合結成の運動に走った。当時、旧制中学卒業といえば、地元ではエリートに属し、その点を買われてリーダー格として迎えられたのである。そのいっぽう勉学への志も捨て難く、八代高校の定時制に入学してもいる。

組合運動のなかで、唯物史観に関する本を読み漁《あさ》るが、

「なんも分からんまま、読みかじり聞きかじりだったとですよ」

と、村中さんは苦笑する。

村中さんは定時制高校に通いながら、しだいに階級闘争至上主義に疑問を抱くようになる。〝このままではまた戦争になるかもしれん〟。その頃である。母親が『甘露の法雨』と生長の家の雑誌を手渡したのは。

「宗教は阿片《あへん》じゃやなかか」

言下にやり込めたつもりでも、一人になると心は切なく、空しかった。

夜勤の日、蚊に刺されて眠れないまま、『甘露の法雨』を開いてみた。

「汝《なんじ》ら天地一切のものと和解せよ。…神に感謝しても父母《ちちはは》に感謝し得ない者は神の心にかなわぬ…」

「大調和《だいちょうわ》の神示《しんじ》」*に村中さんは心を衝《つ》かれた。見よう見真似で組合運動の先駆《せんく》を切り、母親には「宗教なんかやめんか」と反発した。が、生長の家の雑誌を読むうち〝もしかしたら、俺《おい》の方が間違っとったのかも…〟と思い始めた。そして、隠れるようにして、谷口雅春先生*の講習会に参加した。

「谷口先生は『神は宇宙の大生命。あなたがたも神の子なんですよ』と、語りかけてくれたとです。〃ああ、俺《おい》が求めとったのは、これじゃった〃思いました」

ほどなく村中さんは組合活動の仲間三十人を前にして「俺《おい》は俺の道を行く。もう共に行動はせん」と、脱退宣言する。仲間たちの非難怒号は凄《すさ》まじかった。二十五年のことである。

宣言翌日からは、職場で誰彼なく感謝の合掌をして「ありがとうございます」と繰り返した。隣り近所でも同様だった。周囲からは「あん男は頭が狂ったごつある」と噂された。が、村中さんは怯《ひる》まない。生長の家の熊本南部青年会を結成し、委員長として活動を始める。会社の幹部宅に機関誌を配って歩く。青年会の仲間三人一組で「地上天国建設運動」のタスキをかけ、家々の玄関先で『甘露の法雨』を誦《とな》える。そして、地域では子供の集まりである「神童会《しんどうかい》」を作り、紙芝居や幻燈機を手に、生長の家の教えを広めるのに汗を流す。その様子をずっと見ていた父親は、とうとう業《ごう》を煮やし、「お前は結婚もせんで、そいが生長の家の教えか。そろそろ身を固めんか」と一喝《いっかつ》した。息子の方は即座に「親の決めた人と結婚します」と返答した。こうして隣の床屋さんに手伝いに来ている女性と見合い、一週間後には結婚した。二十九年三月八日。村中さんとミドリさん（61）の結婚記念日だ。

赦しの祈り

経営には危機がつきものだが、村中さんの場合も例外ではない。五十三年一月には仕事始め早々、十二人の現場従業員のうち六人が退職した。もともと修理業は、技術者の養成校のようなところがあるという。ある程度、腕を磨くと、条件の良い会社に引き抜かれたり、独立したりするわけだ。新栄重機でも創業以来、五十人ほどの修理工が入ってきたが、そのうち半数は独立して開業しているという。

育てた人材が去っていくのは辛くて寂しいことにちがいないが、村中さんは去った者を恨《うら》むようなことはしない。逆に相手を徹底して拝み、幸福を祈るのである。

「社長は神様。私は神主みたいなものですたい。すべて神様にまかせ、その御心のままに行動すればよかとですよ」

そんな村中さんにとって、毎朝の神想観は欠かせない。最近も神想観をしていて、こんなことがあった。神と波長を合わせていると、〝生長の家の教えを受けた人を得なさい〃と声が聞こえた。考えてみれば、都会からＵターンしている生長の家青年会の若者がいるかもしれなかった。声をかけてみると、ピッタリの人材が名乗りを上げた。

　村中さんは最近まで、修理士に対する社会通念にドップリだった、と打ち明ける。流《は》行《や》りの言葉で言えば、キタナイ、キツイ、キケンの３Ｋ。だから、若くて優秀な人材が集まらない。そう決め込んでいたのである。

「私は人材に対する自己限定を破ったとですよ。神様が与えた仕事に、本来貴賤《きせん》はなかですもんね」

　村中さんはいかにも嬉しそうに言う。

　人材の問題と並んで村中さんを襲ったのは、資金繰りだった。売った機械の代金が回収できず、五十七年から六十一年にかけては億単位の負債が肩にのしかかった。数年間はマージンを負債の返済に回すと、販売実績は実質的にはゼロが続いた。機械を買ったまま行方をくらました人もいたが、このときも村中さんは相手を恨まず、赦《ゆる》しの神想観をした。相手の幸福を祈ることが喜びに変わるまで続けた。そして、〃神様、現象面ではこういう問題が起きてきましたが、神様の世界ではすでに解決ずみです。ありがとうございます〟と祈り、泰然自若《たいぜんじじゃく》として臨んだ。資金繰りのため、車の中で三、四時間寝《やす》み、握り飯やパンを食べたこともあったが、潮が干《ひ》くように問題は解決していった。

「ドン底状態はそこから這《は》い上がる良い機会じゃなかですかね。自分には無限の可能性がある思うとれば、何ということはなかですよ。人間は一分一秒たりとも前進するしかなかですもんな」

人生地球学校

八年前、村中さんは社屋二階に四十畳ほどの道場を開いた。生長の家の会合に使うためである。ここでは毎朝五時から神想観が行われ、昨年十月からは、夜に『生命の實相』の輪読会が開かれている。その参加者のひとり新栄重機の正面で自動車用電装品の修理販売会社を経営する尾方清馬《おがたきよま》さん（48）は、村中さんのことをこう語る。

「七、八年前に、村中さんに生長の家の本を勧められて、入信したとです。目の前にいてくれるから経営のことから身近なことまで、いろいろアドバイスしてもろたですよ。後輩の面倒見がよか人で、細かいことまで目の行き届く人です。指導がよかからついてこれたとですよ」

夜八時からの輪読会には十二人が集まった。最適な眼鏡を忘れた老婦人が、それでも手持ちの眼鏡を二重越しにして『生命の實相』第二十一巻をたどたどしく読む。が、咎《とが》め立てする雰囲気はなく、誰もが手にした本と首っ引きだった。

取材二日目、会社から車で二、三分の自宅を訪ねた。母親のソヨさん（88）は、入院中で不在だったが、父親の比康《ひやす》さん（90）、ミドリ夫人、長男の慎一《しんいち》さん（35）、長男の妻・裕子《ゆうこ》さん（34）が総出で迎えてくれた。かつては、息子に「お前は生長の家の坊主ばなっとか」と叱った比康さんも、今では生長の家の本を片っ端から読んでいるという。その比康さんの弁。

「私は酒が好きで信仰は好きではなかったとですよ。ところが、昔、村人ンあいだで『神社で掃除ばする若かモンがおるが、あいは誰か』という話になって、そいが息子じゃった。そん頃から息子は感心じゃと思いよった」

村中さんの片腕として営業を担当する慎一さんも、

「父の仕事を継ぐのは自然やったですね。父は生長の家の教えを一〇〇パーセント活《い》かしてますよ」と言った。

取材から帰り、礼状を送ると、追いかけるように返礼の手紙が届いた。文面にこうあった。

「人吉に住まわせて頂いて十七年の歳月を経て、これから天地一切のものに感謝して、人生地球学校の生徒として努力させて頂きます」


（平成二年十月号　取材／奥田益也　撮影／山田勉）

＊大調和の神示＝谷口雅春先生が昭和六年に霊感を得て書かれた言葉で、この全文は『甘露の法雨』『新編　聖光録』『御守護　神示集』（いずれも日本教文社刊）等に収録されている。
＊谷口雅春先生＝生長の家創始者。昭和六十年に満九十一歳にて昇天。

すべてに感謝できる心境になったとき仕事にやり甲斐が

大阪府　一級建築士　渡辺泰弘《わたなべやすひろ》さん（50歳）

人生、何の目的があって生きているのか分からない…。苦労が報われないことの空しさで、仕事への意欲を失ったとき、生長の家の聖歌が渡辺さんに仕事の喜びを教えてくれた。

「この辺は都市整備中で、工事が多くなりましたわ」

御堂筋線・中百舌鳥《なかもず》駅に出迎えてくれた渡辺泰弘さんはにこやかに語りかけてきた。この辺《あた》りは仁徳天皇陵をはじめ大小の御陵がいくつも点在し、古代日本の面影が今も残る。

そこから車で約十分、渡辺さんの営む「信和《しんわ》企画設計事務所」に着いた。自宅と事務所が兼用の二階建てで、一階の事務所の壁には、渡辺さんが手掛けたマンションや店舗の完成図がいくつも額に入れて掛けてある。一級建築士の渡辺さんは、主にマンション、店舗、大型個人住宅等の設計を行なう。渡辺さんは、その額を指さしながら、竣工までの苦労や喜びを話す。

「昔はT定規で紙に製図してましたけど、十年前にコンピューターを導入して仕事が捗《はかど》るようになりました。しかし操作を覚えるまでが大変でしたわ。建築士というのは見た目はかっこええけど、机で図面を作る以外にやっかいな仕事がたくさんあるんです」

現場監督にあこがれて

渡辺さんは昭和二十年、大阪府吹田《すいた》市に生まれた。神主をしていた父親の泰邦《やすくに》さんは、渡辺さんが生まれて五ヵ月後に戦病死した。母親の房子《ふさこ》さん（75）は一人息子を連れて豊中市で雑貨屋を開いた。家は貧しく、渡辺さんは早く手に職をつけるため、工業高校の建築科に進んだ。

「中学生の時、通っていた校舎が増築中で、図面を持って指揮している現場監督を見て、かっこええなあと、建築の仕事にあこがれましてね」

すべてに感謝できる心境になったとき仕事にやり甲斐が

使命感をもって仕事に取り組む渡辺さん。事務所内で夫人の芳子さんと長男の信行さんとともに

その後、大阪工業大学建築学科へと進み、苦学して卒業すると、ある建築設計事務所に就職。それからは、数年あるいは数ヵ月単位で様々な建築関係の会社を渡り歩いた。

「いずれ独立して設計事務所を構えたいという考えがありましてね。不動産や法律など総合的に建築の知識を身につけるために、いろんな会社に移ってノウハウを覚えようと思ったんです」

昭和五十三年、三十三歳のときに、ＪＲ新大阪駅近くのビルの中に「信和企画設計事務所」を作った。さらに五十八年には、仕事が比較的多い現在の堺市に事務所を移転した。

ところが、それから間もなくのことだった。大学を出てから仕事一筋に打ち込んできた渡辺さんであったが、その反動が来たかのようにぷつりと仕事への情熱が冷めてしまったのだ。

「長年のストレスがたまっていたんでしょう。仕事をする気がしなくなってね。一所懸命仕事をしても、施主や建設会社に喜ばれるのは建物が完成した時の一瞬で、後はほとんど文句や苦情ばかり言われているような状態だったんです。苦労してるわりには報われない仕事やなと思って、何のために自分は生きてるのか分からなくなったんです」

仕事がなくなったわけでも、体調が悪くなったわけでもなかった。が、ただぼんやりと数日間過ごした。心配した夫人の芳子《よしこ》さん（48）は、京都府宇治市にある生長の家宇治別格本山での練成会を受けることを、渡辺さんに勧めた。

「妻は前から生長の家を信仰していたんですが、私はあまり関心を示さなかったんです。でも熱心に練成会を勧めるし、私も家族のことを考えるとこのまま無為に過ごしていたらいけないと思いましてね」

思い切って練成会に参加した渡辺さんは、そこで人生観を一変させることになる。練成会では行事中に、生長の家の聖歌を何度も歌うが、渡辺さんは聖歌の一つ『使命行進曲』を歌った時、胸に迫るものがあった。

「『人間何の目的ぞ／人生何の意義ありや／その目的を知らずして／人と生まれて甲斐《かい》ありや…人は生命《いのち》を神に享《う》け／神の最高実現と／此世《このよ》にうまれ使命享く／使命果《はた》さず甲斐ありや…』と歌っていると、涙が出てきたんです。その歌詞が心に響いてきて、無気力になっていた自分に何か勇気が湧いてくるようで、気持が晴れ晴れとしてきました。

人生の目的はどこにあるのか、自分の使命は何なのか、その答えが生長の家の教えのなかにあるような気がするので、真剣に生長の家を勉強してみようと思いました」

練成会から戻ると、渡辺さんは神想観を実修したり、『生命の實相』などの生長の家の本を真剣に読むようになった。そして、それまでの仕事への取り組み方を反省し、考え方を変えた。

「生長の家で〝与えよ、さらば与えられん〟と教えているのに、自分は利益ばかりを追っていて、人に喜んでもらう仕事をしようという考えがなかったんです」

渡辺さんは、まず〝与える〟ということを先にしようと思った。注文を受けた仕事が、たとえ予算を超えて自分の手取りが少なくなっても、自分が納得できるまで取り組んだ。すると、渡辺さんの設計したマンションが施主にとても気に入られ、契約した以上の報酬金をもらうことが起ってきた。しかも同じようなことが何度も続いた。

「人に喜ばれる家を建てることが自分の使命かもしれない」

渡辺さんはそう思い始めた時、金銭では得られない喜びを感じ、仕事が心から楽しくなった。

トラブルは存在しない

渡辺さんの心が変わると、それまで頭を悩ませた問題も解決の道が開けてきた。

その問題の一つに、マンション建設時に伴う住民とのトラブルがあった。マンションを建てる場合には、日照、眺望、騒音などの問題が近隣との間で生ずることが多い。渡辺さんが設計した建物も、何度か建設反対を叫ぶ住民の声にあったという。

「法律を守って建ててるのに、どこがいけないんや、という気持が私にあったんでしょうね。建設説明会を開くと、住民から『建てるな。場所を変えろ。人権侵害や』といった怒号が飛んでくるんです。また、そういう場に必ずヤクザが入ってきて金をたかろうとする。私も何度か脅《おど》されたことがありますよ、『子どもの学校は分かってるんだぞ』と言われたり。でも生長の家を知ってからは、敵と見える人も神の子やからと、相手の神性を観《み》て、拝むことができるようになったんです」

神想観をしながら、不満を訴えている住民の実相《じっそう》*を観て、調和している様をじっと心に描いた。住民との交渉に臨む時は、徹底して相手の気持になって、苦情を聞くように心がけた。

「家を建てるんじゃない、建てさせてもらうんや」

そう念じて何度も近隣の家を訪問した。そして暇があるたびに生長の家の本を開いた。いくら和解しようと思っても、相手がなかなか打ち解けてくれない時には、『眞理』*第九巻に書かれてあったこんな内容の一節が自分を励ましてくれた。

『和解するとは必ずしも相手の要求に言いなりになることではなく、意見の相違は充分検討し戦わしたらよろしい。そして相手の実相を心で見つめれば今まで相手が頑張っていた意見が消えて、調和した意見になる』

相手の実相を拝む姿勢が通じたのか、住民との交渉がしだいに円滑に進むようになった。

さらに、かつては自分の敵と思えた人たちが建設に協力してくれたこともあった。あるとき、渡辺さんの手掛けていたマンション建設予定地の隣が暴力団の土地で、そこに彼らの所有するレッカー車やパワーショベルが置いてあった。しかも建設現場に通じる道は狭く資材を動かす車が通りにくい場所だった。工事関係者の誰もが不安感を持った。

渡辺さんは思い切ってその暴力団の事務所を訪ね、工事への協力を頼んだ。

「心でヤクザと観ればヤクザになる。普通の人やと観れば普通の人になる。人は皆神の子やと自分に言い聞かせて説得に行ったんです」

渡辺さんの申し出に、「予算はようけいあるやろな」と案の定、相手は聞いてきた。渡辺さんは心の中で〝人間・神の子、悪人はいない〟と祈った。すると「まあええわ、隣やからやってあげるわ」という素直な答えが返ってきたのだ。しかも相手は、その土地に置いてあったパワーショベルなどの建設用車両を工事に使ってもいいという。結局、工事はトラブルもなくスムーズに進んだ。

「施主さんは、法外な金を取られるんやないかと心配していましたが、観る人の心によって相手は変わるということを実感させられました。自分も他人も神の生命においては一体だと思えば、怖いものはないですね」

渡辺さんの事務所の中には、生長の家の月刊誌が何冊も積まれてあった。

「取引先や銀行、メーカーの営業の人が『これ何ですか』と質問してきたら、待ってましたと生長の家の話をするんです。私は生長の家の話を人にするのが好きなんですわ」

生長の家の聖歌のＢＧＭが流れる仕事場で、渡辺さんは快活な笑い声を響かせた。

（平成七年六月号　取材／水上有二　撮影／中橋博文）

＊実相＝神が創られたままの完全円満な姿。

＊『眞理』＝谷口雅春著、全十一巻。『生命の實相』全四十巻に次いで、全ての現代人のために出版された、明日への希望と活力を与える一大福音書。現在、『新版　真理』として刊行されている。日本教文社刊。

●生長の家練成会案内

総本山……長崎県西彼杵郡西彼町喰場郷1567　☎0959-27-1155

＊龍宮住吉本宮練成会……毎月1日～7日（1月を除く）

＊龍宮住吉本宮境内地献労練成会……毎月7日～10日（5月を除く）

本部練成道場……東京都調布市飛田給2-3-1　☎0424-84-1122

＊一般練成会……毎月1日～10日

＊短期練成会……毎月第三週の木～日曜日

＊光明実践練成会……毎月第二週の金～日曜日

＊経営トップセミナー、能力開発セミナー……（問い合わせのこと）

宇治別格本山……京都府宇治市宇治塔の川32　☎0774-21-2151

＊一般練成会……毎月10日～20日

＊神の子を自覚する練成会……毎月月末日～5日

＊伝道実践者養成練成会……毎月20日～22日（11月を除く）

＊能力開発研修会……（問い合わせのこと）

富士河口湖練成道場……山梨県南都留郡河口湖町船津5088　☎0555-72-1207

＊一般練成会……毎月10日～20日

＊短期練成会……毎月月末日～3日

＊能力開発繁栄研修会……（問い合わせのこと）

ゆには練成道場……福岡県太宰府市都府楼南5-1-1　☎092-921-1417

＊一般練成会……毎月13日～20日

＊短期練成会……毎月25日～27日（12月を除く）

松陰練成道場……山口県吉敷郡阿知須町大平山1134　☎0836-65-2195

＊一般練成会……毎月15日～21日

＊伝道実践者養成練成会……（問い合わせのこと）

○奉納金・持参品・日程変更詳細は各道場へお問い合わせください。

○各教区でも練成会が開催されています。詳しくは各教化部にお問い合わせください。

○海外は「北米練成道場」「ハワイ練成道場」「南米練成道場」等があります。

生長の家本部　〒150-8672　東京都渋谷区神宮前1-23-30　☎03-3401-0131　FAX03-3401-3596

教化部名	所 在 地	電話番号	FAX番号
静岡県	〒432-8011 浜松市城北2-8-14	053-471-7193	053-471-7195
愛知県	〒460-0011 名古屋市中区大須4-15-53	052-262-7761	052-262-7751
岐阜県	〒500-8824 岐阜市北八ッ寺町1	058-265-7131	058-267-1151
三重県	〒514-0034 津市南丸之内9-15	059-224-1177	059-224-0933
滋賀県	〒527-0034 八日市市沖野1-4-28	0748-22-1388	0748-24-2141
京　都	〒606-8332 京都市左京区岡崎東天王町31	075-761-1313	075-761-3276
両丹道場	〒625-0081 舞鶴市北吸497	0773-62-1443	0773-63-7861
奈良県	〒639-1016 大和郡山市城南町2-35	0743-53-0518	0743-54-5210
大　阪	〒543-0001 大阪市天王寺区上本町5-6-15	06-6761-2906	06-6768-6385
和歌山県	〒641-0051 和歌山市西高松1-3-5	073-436-7220	073-436-7267
兵庫県	〒650-0016 神戸市中央区橘通2-3-15	078-341-3921	078-371-5688
岡山県	〒703-8256 岡山市浜1-14-6	086-272-3281	086-273-3581
広島県	〒732-0057 広島市東区二葉の里2-6-27	082-264-1366	082-263-5396
鳥取県	〒682-0022 倉吉市上井町1-251	0858-26-2477	0858-26-6919
島根県	〒693-0004 出雲市渡橋町542-12	0853-22-5331	0853-23-3107
山口県	〒754-1252 吉敷郡阿知須町字大平山1134	0836-65-5969	0836-65-5954
香川県	〒761-0104 高松市高松町1557-34	087-841-1241	087-843-3891
愛媛県	〒791-1112 松山市南高井町1744-1	089-976-2131	089-976-4188
徳島県	〒770-8072 徳島市八万町中津浦229-1	088-625-2611	088-625-2606
高知県	〒780-0862 高知市鷹匠町2-1-2	088-822-4178	088-822-4143
福岡県	〒818-0105 太宰府市都府楼南5-1-1	092-921-1414	092-921-1523
大分県	〒870-0047 大分市中島西1-8-18	097-534-4896	097-534-6347
佐賀県	〒840-0811 佐賀市大財4-5-6	0952-23-7358	0952-23-7505
長　崎	〒852-8017 長崎市岩見町8-1	095-862-1150	095-862-0054
佐世保	〒857-0027 佐世保市谷郷町12-21	0956-22-6474	0956-22-4758
熊本県	〒860-0032 熊本市万町2-30	096-353-5853	096-354-7050
宮崎県	〒889-2162 宮崎市青島1-8-5	0985-65-2150	0985-55-4930
鹿児島県	〒892-0846 鹿児島市加治屋町2-2	099-224-4088	099-224-4089
沖縄県	〒900-0012 那覇市泊1-11-4	098-867-3531	098-867-6872

●生長の家教化部一覧

教化部名	所　在　地	電話番号	FAX番号
札　幌	〒063-0829　札幌市西区発寒9条12-1-1	011-662-3911	011-662-3912
小　樽	〒047-0033　小樽市富岡2-10-25	0134-34-1717	0134-34-1550
室　蘭	〒050-0082　室蘭市寿町2-15-4	0143-46-3013	0143-43-0496
函　館	〒040-0033　函館市千歳町19-3	0138-22-7171	0138-22-4451
旭　川	〒070-0810　旭川市本町1-2518-1	0166-51-2352	0166-53-1215
空　知	〒073-0031　滝川市栄町4-8-2	0125-24-6282	0125-22-7752
釧　路	〒085-0832　釧路市富士見3-11-24	0154-44-2521	0154-44-2523
北　見	〒099-0878　北見市東相内町584-4	0157-36-0293	0157-36-0295
帯　広	〒080-0802　帯広市東2条南27-1-20	0155-24-7533	0155-24-7544
青森県	〒030-0812　青森市堤町2-6-13	017-734-1680	017-723-4148
秋田県	〒010-0023　秋田市楢山本町2-18	018-834-3255	018-834-3383
岩手県	〒020-0066　盛岡市上田1-14-1	019-654-7381	019-623-3715
山形県	〒990-0021　山形市小白川町5-29-1	023-641-5191	023-641-5148
宮城県	〒981-1105　仙台市太白区西中田5-17-53	022-242-5421	022-242-5429
福島県	〒963-8006　郡山市赤木町11-6	024-922-2767	024-938-3416
茨城県	〒312-0031　ひたちなか市後台字片岡421-2	029-273-2446	029-273-2429
栃木県	〒321-0933　宇都宮市簗瀬町字桶内159-3	028-633-7976	028-633-7999
群馬県	〒370-0801　高崎市上並榎町455-1	027-361-2772	027-363-9267
埼玉県	〒336-0923　さいたま市大字大間木字会ノ谷483-1	048-874-5477	048-874-7441
千葉県	〒260-0032　千葉市中央区登戸3-1-31	043-241-0843	043-246-9327
神奈川県	〒246-0031　横浜市瀬谷区瀬谷3-9-1	045-301-2901	045-303-6695
東京第一	〒112-0012　文京区大塚5-31-12	03-5319-4051	03-5319-4061
東京第二	〒183-0042　府中市武蔵台3-4-1	042-574-0641	042-574-0055
山梨県	〒406-0032　東八代郡石和町四日市場1592-3	055-262-9601	055-262-9605
長野県	〒390-0862　松本市宮渕3-7-35	0263-34-2627	0263-34-2626
長　岡	〒940-0853　長岡市中沢3-364-1	0258-32-8388	0258-32-7674
新　潟	〒951-8133　新潟市川岸町3-17-30	025-231-3161	025-231-3164
富山県	〒930-0103　富山市北代6888-1	076-434-2667	076-434-1943
石川県	〒920-0022　金沢市北安江1-5-12	076-223-5421	076-224-0865
福井県	〒918-8057　福井市加茂河原1-5-10	0776-35-1555	0776-35-4895

日本教文社刊

谷口清超新書文集6　¥1500 サラリーマンの精神衛生	全ての働く人々が如何にして心の平安と幸福を得、社会に貢献できるかを実例を通して詳解する。仕事の意義と、喜びを求める全ての人々への福音の書である。
谷口清超著　¥1200 楽しく生きるために	地球上の全てのものが、一ついのちに生かされていることを知り、人間の生命は永遠不滅であることを知ることこそ「楽しく生きる」ための基であると詳述。
谷口清超著　¥860 神の国はどこにあるか	「神の国」とは、人間の五官を超越した完全円満な世界である。それは、善い行い、善い言葉、善い心をもって生活するところに自ずから実現することを説く。
谷口雅宣著　¥1300 今こそ自然から学ぼう —人間至上主義を超えて— 〈生長の家発行／日本教文社発売〉	「すべては神において一体である」との宗教的信念のもとに地球環境問題、遺伝子組換作物、狂牛病・口蹄疫と肉食、生命操作技術等、喫緊の地球的課題に迫る！
鈴木将夫著　¥1200 オフィスのゴミは知っている —ビル清掃クルーが見た優良会社の元気の秘密—	ビル清掃員が見た優良企業のもう一つの顔。膨大な量のゴミが出される現場は、そこで働く企業の“元気度”がわかる場であり、地球環境問題の最前線だった！
伊藤勝啓著　¥1650 こうして企業を活性化する —全員がリーダーだ—	ＮＡＳＡや米国一流企業を再生させた新人事システム「リーダー交代制」の全てを紹介。プロジェクトごとに最高の人事が実現。これで全員が主役になれる！
佐藤綾子著　¥1300 出会う人みんなを味方にしよう！ —やさしい人づきあい50章—	パフォーマンス学の第一人者が、経験とデータを駆使して「人づきあい」を科学的に分析。その極意を楽しく紹介する。章末に「ココロチェック・リスト」付き。
ドリス・W・ヘルマリング著 伊藤はるみ訳　¥1500 みんなに好かれる人避けられる人	無意識のうちに他人の心にダメージを与え、相手との関係を自分から壊す性格と行動を克服する「気づきの力」を養う、人間関係のトラブル解決のための好著。

・各定価（５％税込）は平成15年５月１日現在のものです。品切れの際は御容赦下さい。